Julia Schart

Die wahnsinnige Verrückung in Georg Büchners Novelle "Lenz"

GRIN Verlag

GRIN - Your knowledge has value

Der GRIN Verlag publiziert seit 1998 wissenschaftliche Arbeiten von Studenten, Hochschullehrern und anderen Akademikern als eBook und gedrucktes Buch. Die Verlagswebsite www.grin.com ist die ideale Plattform zur Veröffentlichung von Hausarbeiten, Abschlussarbeiten, wissenschaftlichen Aufsätzen, Dissertationen und Fachbüchern.

Besuchen Sie uns im Internet:

http://www.grin.com/

http://www.facebook.com/grincom

http://www.twitter.com/grin_com

Universität Regensburg

Institut für Germanistik

Neuere deutsche Literaturwisschenschaft

Die wahnsinnige Verrückung in Georg Büchners Novelle „Lenz"

Name: Julia Schart

Abgabe: 15.09.2010

Inhalt

Einleitung:

Der junge Jakob Michael Reinhold Lenz – ein Name, so umfangreich und edel klingend – war in Wirklichkeit klein und zerfressen von Selbstzweifel. War er der immer suchende in sich ruhende und friedliebende Schriftsteller oder doch nur ein Schatten seiner selbst, ein armseliger Sklave seines eigenen Geistes?

Letzteres könnte man jedenfalls glauben, wenn man eines von Georg Büchners posthum veröffentlichten Werken, die Novelle „Lenz", genauer unter die Lupe nimmt. Getrieben von Schüben des Wahnsinns, flüchtet sich jener Protagonist ins Steintal nach Waldersbach, ein Ort in den Vogesen, zu einem gewissen Pfarrer mit dem Namen Johann Friedrich Oberlin. Dies ist auch größtenteils der hauptsächliche Schauplatz in Büchners Werk. Der Geistliche des Dorfes ist nicht nur kommunaler Seelsorger und Prediger, sondern wird auch zu Lenz' engster und wichtigster Bezugsperson, die ihm stets neuen Mut und Kraft verleiht, Trost spendet und seine Klagen anhört. Während dieser Zeit hatte Oberlin immer wieder Gelegenheit schriftliche Aufzeichnungen bezüglich seiner Erfahrungen und Erlebnisse mit dem ziellosen Schützling zu machen und diese auf Papier festzuhalten.

Büchner hingegen war es, der irgendwann all diese Notizen für sich wiederentdeckte und daraufhin entschied die einst niedergeschriebenen zwischenmenschlichen Verhältnisse und persönlichen Sorgen, Qualen und Ängste eines J.M.R. Lenz neu zu arrangieren und daraus ein Buch zu verfassen. Ferner setzte er dabei das sogenannte Kunstgespräch ein, ein sprachliches Mittel, welches ihm die Möglichkeit bot auch seinen individuellen Gedanken und Erfahrungen Ausdruck zu verleihen.

Jene oben genannten Punkte gilt es hierbei ausführlicher zu untersuchen. Des Weiteren liegt das Hauptaugenmerk darauf, aufzuzeigen wer diese scheinbar skurilen Schriftsteller im Einzelnen waren und wie sich Wahnsinn, Irrsinn oder Melancholie, Begriffe die im alltäglichen Sprachgebrauch generell meist synonym verwendet werden, sogar über einen kurzen Zeitraum hinweg stark verändern können - bis hin zur völlig negativ geistigen Inbesitznahme des Verstandes.

1. Die Literaten Lenz und Büchner

Fast genau zur Mitte des 18. Jahrhunderts erblickte J.M.R. Lenz[1] in Estland, dem früheren Livland[2] das Licht der Welt. Als Sohn einer christlichen Pfarrersfamilie wurde er schon früh durch eine strenge Erziehung und den Glauben an Gott geprägt. Dabei lag es nahe, dass er ebenfalls die Familientradition fortführen sollte und somit ein Studium der Theologie begann. Doch gleichzeitig waren es auch wissenschaftliche Gebiete wie Physik und Literatur die sein Herz erwärmten. Letzteres wurde schließlich zu seiner wahren Leidenschaft und er wusste die Sprache sei seine wahre Berufung, welcher er sein Leben widmen wolle – dem Schriftstellertum. Während seiner Zeit in Straßburg, wo er sich doch des Öfteren aufhielt, gab es für seine Kreativität kein Halten mehr. Er verfasste etliche lyrische und epische Schriftstücke, wie „Der Hofmeister" oder „Die Soldaten". Nichtsdestotrotz wurde seine ernsthafte Affinität zur Literatur von seinem Vater stets kritisch beäugt. Dies war unter anderem sicherlich auch ein Grund warum Lenz' Angehörige es später nach dem Ausbruch seiner psychischen Erkrankung nicht mehr für nötig hielten ihm finaziell unter die Arme zu greifen.[3] Nicht einmal fünf Dekaden zählte sein Leben, als einer der nennenswertesten Vertreter der Epoche des Sturm und Drangs[4] 1792 leblos auf den Straßen der russischen Hauptstadt Moskau aufgefunden wurde.[5]

Ebenso wie Lenz war auch Georg Büchner ein bedeutender Schriftsteller der deutschen Literaturgeschichte. Obwohl der Arztsohn Büchner erst 21 Jahre nach dem Tod des einstigen tragischen Helden zur Welt kam, entwickelte er als junger Mann durch Zufall ein großes Interesse an den alten Geschichten des seelisch angeschlagenen Literaten. Beide hatten mehr gemeinsam als man auf den ersten Blick erwarten würde. Wie auch bei Lenz der Fall, ergreift Büchner zunächst den verantwortungsvollen Beruf seines Vaters und studiert Medizin und Naturwissenschaften, was er letztendlich auch lebenslang mehr oder weniger intensiv praktizierte. Sein eifriger Ehrgeiz führte ihn sogar bis hin zur Promotion, in der er sich detailreich und wissenschaftlich „über die Schädelnerven der Barben" Gedanken machte. Doch dessen nicht genug, im Anschluss darauf folgte nochmals ein beruflicher Aufstieg durch seine Habilitation. Jene Erfolge ermöglichten dem ‚schlauen Kopf' bereits im zarten Alter von 23 Jahren anatomische Vorlesungen an Universitäten zu halten.[6] Gewiss war es die erfolgreichste Zeit in seinem jungen Leben, doch leider auch die letzte, denn wenige Monate vor seinem 24. Geburtstag erlag er den Folgen einer schweren Typhus Erkrankung. Zwar wurde er nur etwa halb so alt wie Lenz, doch wie ein besessener forschte er, schrieb und interessierte sich für Gott und die Welt. Auch Büchner führte es oft nach Straßburg und ins Elsass, wo seine Liebe zu Natur nicht lange unverkannt blieb.[7] Auf einer seiner Reisen hatte er auch einst das Vergnügen, Pfarrer Johann Oberlin persönlich kennenzulernen, was der ausschlaggebende Punkt war, um sich näher mit dem legendären J.M.R. Lenz und dessen Leben zu beschäftigen. Was dabei herauskam trägt schlicht und einfach den Namen „Lenz" – eine Novelle, die wegen lückenhafter Fertigstellung neben „Woyzeck" oder „Leonce und Lena" ebenso erst posthum publiziert wurde.[8] Da Büchner, wie bereits erwähnt nicht nur Mediziner, sondern auch sensibler Künstler und Schriftsteller war hatte er die wunderbare emphatische Gabe sich in differenzierte Charaktäre hineinzuversetzen und deren geistiges und seelisches Innenleben nachzuvollziehen. Er nahm sich das Recht, das sich angeeignete Wissen mit seinen phantastischen Vorstellungen zu vermengen und daraus etwas Neues zu kreieren.[9] Denn auch der vermeintliche Genie kämpfte nicht selten gegen eine gewisse „geistige[...] Bedrängnis"[10] an.

2. Von Auf und Abs bis hin zum Wahnsinn – die sprachliche Umsetzung

Die Novelle „Lenz" könnte man getrost wortwörtlich als eine schonungslose Irrfahrt der Gefühle bezeichnen. Eine Achterbahnfahrt der Gedanken, die sich immer um sich selbst kreisen bis der Denkende selbst die Kontrolle über seinen Körper und den Geist verliert und schwankend zu Boden geht. Es ist ein aufregendes Auf und Ab durch Tag und Nacht, durch Licht und Schatten, durch die Hoffnung der morgendlich aufgehenden Sonne bis hin zur grausamen Verfinsterung der Nacht. Egal, ob auf die gewaltigen Gegensätze der Natur im Steintal bezogen oder auf das eigene menschliche Empfinden wenn man ziellos in den Tag hinein lebt. Das fortwährende Auf und Ab verdrängt jede haltgebende Konstante im Leben dieses gewissen J.M.R. Lenz. Wie auch immer man es nennen mag, es ist der zermürbende Wahnsinn, der wiederliche Dämon der nachts im Mondschein durch sein Stubenfenster lugt, es ist der eigene Geist der sich Stück für Stück zerfrisst, eine qualvolle Tortur bis am Ende nur noch ein leerer Leib besteht – einzig und allein durch den Herzschlag am Leben erhalten – ein Psychothriller.

Aber genau um solch drastische Bilder möglichst anschaulich darzustellen bedient sich Büchner eines bestimmten sprachlichen Mittels namens Kunstgespräch. Das heißt, der Schriftsteller missbraucht Lenz sozusagen als eine Art „Sprachrohr"[11]. Nur so gelingt es ihm auch seine persönlichen autobiografischen Nuancen auf die charakterlichen Züge der Figur Lenz zu übertragen und beides in diesem Sinne miteinander zu vereinen. Sei es das beiderseitige Spannungsverhältnis mit dem dominanten Vater, den Hang zum Straßburger Exil oder die psychischen Schwankungen, die auch Büchner teilweise bei sich feststellen konnte.[12] Kurzum, er verschmähte das damals unter vielen Literaten so weitverbreitete idealistische Weltbild und wollte stattdessen die Wahrheit, nämlich das Realistische,[13] das wahre Leben ohne verschleiernde Euphemismen darstellen. In einem Gespräch mit Kaufmann, ein idealistischer Freund des Protagonisten, wird jenes Phänomen repräsentativ dargestellt:

> [...] Kaufmann war ein Anhänger davon, Lenz widersprach heftig. Er sagte: Die Dichter, von denen man sage, sie geben die Wirklichkeit, hätten auch keine Ahnung davon, doch seyen sie immer noch erträglicher, als die, welche die Wirklichkeit verklären wollten. Er sagte: Der liebe Gott hat die Welt wohl gemacht wie sie seyn soll, und wir können wohl nicht was Besseres klecksen, unser einziges Bestreben soll seyn, ihm ein wenig nachzuschaffen. Ich verlange in allem Leben, Möglichkeit des Daseins, und dann ist's gut; wir haben dann nicht zu fragen, ob es schön, ob es häßlich ist, das Gefühl, daß Was geschaffen sey, Leben habe, stehe über diesen Beiden, und sey das einzige Kriterium in Kunstsachen. [...]
> Dieser Idealismus ist die schmählichste Verachtung der menschlichen Natur.[14]

Dies verdeutlicht also, dass Büchner wusste wovon er sprach und er nichts mehr hasste als Menschen, die etwas vorgeben zu sein, was sie jedoch nie waren oder sein werden. Durch diese Projektion, nahm ihm der fiktive Lenz die Aufgabe ab den Lesern ein anderes Weltbild zu vermitteln und er selbst konnte sich von seinem latenten Groll gegen die Gesellschaft Befreiung verschaffen. Die Kernaussage sei lediglich, jedes Lewesen sowie jedes Vorkommnis habe nicht nur eine verträumte, glückliche und positive Seite – nein – auch das Negative müsse in gleichem Ausmaße präsentiert und offen gelegt werden. Alles habe demzufolge ein kontrastives Gegenstück, welches vielleicht zeitweise verborgen aber nicht unsichtbar im Schatten schlummert.

Eben genau diese Gegensätze sind es, die die Lenz'sche Novelle zuhauf bestücken und dessen Hauptfigur in den Wahnsinn treiben. Noch zu Beginn als Lenz „durch's Gebirg"[15] ins Waldersbacher Steintal wandert ist er voller Zuversicht und Optimismus. Sein Weg wird gesäumt von „Gipfel[n] und hohen Begflächen im Schnee".[16] Die mächtigen Bergspitzen geben zwar Anlass sich dazwischen klein und hilflos zu fühlen, doch die weißen unschuldig anmutenden Areale lösen derartige

Emotionen sofort wieder in Luft auf. Blickt man die „Thäler hinunter[,] graues Gestein, grüne Flächen, Felsen und Tannen."[17] Steile, gefährlich und trist scheinende Abgründe sollen sich durch saftige Wiesen inmitten dessen als Hoffnungsschimmer des Glücks und der Ruhe erweisen. „Dampf[ender] Nebel [...] schwer und feucht"[18], verschleiert die Sinne und einen klaren Blick in die Ferne. Doch bald bricht der Himmel auf und was hervortritt ist ein „blendendes Licht", ein „blitzendes Schwert" des „Sonnenschein[s]", welches einen wolkenlosen „lichtblauen See"[19] am Horizont enthüllt. Dies könnte der Himmel auf Erden sein, für Lenz zunächst das vermeintliche Paradies in dem er geistige Ablenkung findet und sich bedenkenlos fallen lassen möchte. Metaphern und optische Anreize, die ein naturnahes illusionäres Idyll,[20] in dem gemeinsames und geregeltes Familienleben noch groß geschrieben wird, treffend widerspiegeln.

> Er ging durch das Dorf, die Lichter schienen durch die Fenster, er sah hinein im Vorbeigehen, Kinder am Tische, alte Weiber, Mädchen, Alles ruhige, stille Gesichter, es war ihm als müsse das Licht von ihnen ausstrahlen, es ward ihm leicht, er war bald in Waldbach im Pfarrhause.[21]

Zumindest für einige Zeit hält jener Zustand des Wohlseins an und man könnte sagen, es tritt in der Tat eine gewisse mentale Stabilität ein – jedoch nur bis seine Anfälle des Wahnsinns stetig immer mehr seinen Geist in Beschlag nehmen. Denn ab dann konnte er den engen Schluchten und Wegen im Tal nichts positves mehr abgewinnen. Im Gegenteil, es war alles nur noch trist und trübe und Lenz selbst, ihm war „so eng, so eng" als müsste er „ersticke[n]".[22] Er verlor die Kontrolle über seinen Körper und „rannte auf und ab"[23] – gedankenlos und willenlos. Wann immer er sich fürchtete, „er sprang auf, ging auf und ab".[24] Daraus lässt sich deutlich folgern, der Protagonist J.M.R. Lenz wurde von all jenem, was er versuchte erfolgreich abzuschütteln schließlich wieder gnadenlos heimgesucht. Seine anfängliche Hochphase verkehrte sich in das völlig negative und gegenteilige Extrem – ins abgrundtiefe Nichts.

3. Lenz im Steintal – die emotionale Umsetzung

Der tiefe und überzeugte Glaube an Gott führte Johann Michael Reinhold Lenz eines Tages zu Pfarrer Johann Oberlin ins Steintal. Oftmals hatte er das Gefühl „als jage der Wahnsinn auf Rossen hinter ihm"[25] her. Aus diesem Grund erhoffte er sich dort einige Tage mentaler Ruhe und Ablenkung.

Der häufig leichtfertig und salopp verwendete Begriff des Wahnsinns wurde zunächst zu jener Zeit des 18. Jahrhunderts als dessen Anfangsstadium und somit eher als eine Art Melancholie ausgelegt. Ein Indiz dafür seien traurige Gedanken, Gefühle von Einsamkeit, Trägheit und Verzweiflung[26] – alles Emotionen die Lenz nur zu gut kannte. Bereits während seiner ersten Nacht, als er sich in dem von Oberlin zur Verfügung gestellten Schlafgemachs des alten Schulhauses befand, überfiehl ihn eine Woge der Angst. Es war dunkel, er war allein und die Nacht umhüllte seine Sinne wie ein paralysierender Schleier. Hilflos und verzweifelt versuchte er durch halsbrecherische Aktionen alles, um wieder zu seinem Ich zurückzufinden. In erster Linie war es nicht die Absicht einen Selbstmord zu begehen, sondern sich selbst aus dieser furchtsamen Trance zu erretten.[27] Jedes noch so flehende Stoßgebet war vergebens und so „riß er sich mit den Nägeln", ging daraufhin zum Fenster und „stürzte sich [hinab] in den Brunnstein", in der Hoffnung frisches Wasser würde seinen Geist reinigen und wiederbeleben.[28] Aufsehen dieser Art folgten jedoch noch weitere Male. Trotzallem schämte sich Lenz für dieses absurde Verhalten. Es war ihm zuwider Oberlin durch sein Geplantsche geweckt zu haben. Dennoch fühlte er sich plötzlich geborgen, als der Priester ihn in solch einem Zustand auffand und ihn voller Liebe tröstete.[29]

Schreitet man in der Handlung ein großes Stück weiter voran, bemerkt man, dass Lenz' bereits „ausgebrochene[...] Psychose [noch] selbstzerstörerische[re]"[30] Züge annimmt. Den zentral ausschlaggebenden eigentlichen Wendepunkt der Geschichte stellt die Ankunft Kaufmanns dar. Als dieser dem verwirrten Literaten ausrichtet, er möge doch nach Hause zurückkehren bricht für Lenz eine Welt zusammen, denn er fürchtete nichts mehr als wieder in sein altes Leben gedrängt zu werden. Von da an ging es nur noch steil bergab.

Als Lenz eines Tages erfährt, Friederike, das Kind einer unweit von Waldersbach lebenden Familie sei gestorben, bekam er aufs Neue einen schweren Stich ins Herz versetzt. Erst kürzlich machte er während seiner Wanderung durchs Land eines Nachts bei ihnen Halt und durfte jene Leute kennenlernen. Es war ein Schock der ihm wie ein kalter Schauer über den Rücken jagte und schon bald nahm ihn wieder seine unterbewusste Gewalt in Besitz. Er „fastete einen Tag", beschmierte sich „das Gesicht mit Asche" und umhüllt mit einem „alten Sack"[31] suchte er den Leichnam auf. Aus irgendeinem Grund bildet sich Lenz plötzlich ein göttliche Macht zu besitzen und er könne das Kind wieder zum Leben erwecken - „Stehe auf und wandle!"[32] Trotz dieser

Befehle oder Handauflegens, das Mädchen blieb kalt und leblos. Er, der kleine sterbliche Erdenbürger hatte keinesfalls das Recht und die Gabe anderen Menschen das Leben zu nehmen oder zu geben. Ein bis ins unermessliche steigender Selbsthass breitete sich in ihm aus, sogar „dem Schöpfer [wollte er] in's Gesicht speien".[33] Oberlin befahl er, ihn mit Peitschen zu schlagen und wenn er nicht gerade reglos im Bette vor sich hin starrte, stürzte er sich den Namen des Kindes brüllend wieder in den Brunnen. Während seine sich selbst verachtende masochistische Art zunehmends ausgeprägter wurde, versank er auch gleichzeitig in immer tieferer Lethargie und Selbstentfremdung.

> Sein Zustand war indessen immer trostloser geworden, alles was er an Ruhe aus der Nähe Oberlins und aus der Stille des Thals geschöpft hatte, war weg; die Welt, die er hatte nutzen wollen, hatte einen ungeheuren Riß, er hatte keinen Haß, keine Liebe, keine Hoffnung, eine schreckliche Leere und doch eine folternde Unruhe, sie auszu-füllen. Er hatte Nichts.[34]

Kurzum, er ist vielleicht zu schwach den letzten Schritt zu gehen und sich sein Leben zu nehmen, aber sicher ist, er hat sich bereits längst als Mensch aufgegeben. Getragen von völliger Resignation wird er zu guter Letzt zurück nach Straßburg gebracht. Mit jedem Meter den sie sich von Waldersbach entfernen, entrückt auch die „warme[...] Fluth [der] roten Strahlen"[35] am Himmel. Die vermeintlich sonnig warme Atmosphäre des Steintals brandmarkte ihn für den Rest seines Lebens.

4. Schluss

Im Großen und Ganzen könnte man sagen, dass die Figur Lenz das grausame Opfer seiner verworrenen Gedanken ist. Die allmähliche und zunächst schleichende Verrückung seines Standes aus der Gesellschaft bis am Ende nur noch ein dahinvegetierender gekrümmter Körper an das Leben des kreativen Literaten J.M.R. Lenz erinnert. Sein Charakteristikum ist die immerzu gegensätzliche Suche zwischen Harmoniesucht[36] und Wahnsinn. Trotzallem.

> man muß die Menschheit lieben, um in das eigenthümliche Wesen jedes einzudrin-gen, es darf einem keiner zu gering, keiner zu häßlich seyn, erst dann kann man sie verstehen; das unbedeutendste Gesicht macht einen tiefern Eindruck als die bloße Empfindung des Schönen [...][37]

Genau das Verhalten, welches Oberlin tagein tagaus vorlebt. Gütig nimmt er sich des Literaten an, schenkt ihm Wärme und zeitweise neue Lebensfreude. Es ist eben nicht ausschließlich die äußere Fassade eines Menschen, die es erlaubt diesen unbedacht und ungeachtet zu verurteilen. Der bloße Anschein verrät wenig über die tiefen, stillen und geheimen Gedanken, die wahren Vorhaben und zurückliegenden Geschehnisse. Man darf sich nicht scheuen vor Dingen die der Allgemeiheit unterliegen. Nicht die vollkommene Reinheit des Klaren machen ein Leben auf Erden lohnenswert, sondern die Herausforderung sich dem Neuen noch unbekannten mit offenem Herzen hinzugeben. Dessen Wirken auf das eigene Gemüt ergeben die differenzierte und offene Sicht hinaus auf die Welt des schönen und verrückten Objektes.

5. Quellennachweise

[1] Georg Büchner: Lenz. Frankfurt am Main: Suhrkamp BasisBibliothek 4 1998. S.37.

[2] Ebd., S. 9.

[3] Schobert, Thomas / Bittner, Rowena: "Ich aber werde dunkel sein..." Leben und Werk des Jakob Michael Reinhold Lenz (1751 – 1793). http://lenz-forum.schobert. de/stationen.php (11.08.2010).

[4] Josef Fürnkäs / Masato Izumi / Ralf Schnell: Zwischenzeiten – Zwischenwelten. Frankfurt a. M.: Peter Land GmbH 2001. S. 422.

[5] Vgl. Schobert / Bittner: "Ich aber werde dunkel sein…".

[6] Kerber, Helmut: Büchner, Georg. http://www.kerbernet.de/literatur/deutsch/drama/buechner/ buebi_ tab.htm (10.08.2010).

[7] Sigrid Damm: Georg Büchner und Jakob Lenz. Frankfurt am Main: Stroemfeld/roter Stern 1987. S. 258.

[8] Vgl. Kerber: Büchner, Georg.

[9] Büttner, Ludwig: Büchners Bild vom Menschen. Nürnberg: Verlag Hans Carl 1967.

[10] Ebd., S. 91.

[11] Gille, Klaus F.: Zwischen Hundsstall und Holzpuppen – Zum Kunstgespräch in Büchners „Lenz". In: Weimarer Beiträge 54 (2008) H. 1. S. 88-102.

[12] Ebd., S. 88.

[13] Ebd., S. 90.

[14] Büchner: Lenz. S. 16-17.

[15] Ebd., S. 7.

[16] Ebd., S. 7.

[17] Ebd., S. 7.

[18] Ebd., S. 7.

[19] Ebd., S. 7.

[20] Descourvières, Benedikt: Der Wahnsinn als Kraftfeld. Eine symptomatische Lektüre zu Georg Büchners Erzählung „Lenz". In: Weimarer Beiträge 52 (2006) H. 2. S. 203-226.

[21] Büchner: Lenz. S. 9.

[22] Ebd., S. 23.

[23] Ebd., S. 25.

[24] Ebd., S. 23.

[25] Ebd., S. 8.

[26] Schmidt, Harald: Schizophrenie oder Melancholie. Zur problematischen Differentialdiagnostik in Georg Büchners „Lenz". In: Zeitschrift für deutsche Philologie 117 (1998). S. 516-542.

[27] Peischl, Margaret T.: Büchner's Lenz: A Study of Madness. In: Germanic Notes and Reviews 26 (1995). H. 1. S. 13-19.

[28] Büchner: Lenz. S. 10.

[29] Ebd., S. 10.

[30] Schmidt: Schizophrenie oder Melancholie. S. 522.

[31] Büchner: Lenz. S. 24.

[32] Ebd., S. 25.

[33] Ebd,. S. 25.

[34] Ebd., S. 30.

[35] Ebd., S. 34.

[36] Vgl. Descourvières: S. 213.

[37] Büchner: Lenz. S. 17.

10

6. Literaturverzeichnis

Büchner, Georg: Lenz. In: Georg Büchner – Lenz: Hrsg. von Burghard Dedner. Frankfurt am Main: Suhrkamp BasisBibliothek 4 1998.

Büttner, Ludwig: Büchners Bild vom Menschen. Nürnberg: Verlag Hans Carl 1967.

Damm, Sigrid: Georg Büchner und Jakob Lenz. In: Georg Bücher 1813-1837, Revolutionär, Dichter, Wissenschaftler. Frankfurt am Main: Stroemfeld/Roter Stern 1987. S. 258-261.

Descourvières, Benedikt: Der Wahnsinn als Kraftfeld. Eine symptomatische Lektüre zu Georg Büchners Erzählung „Lenz". In: Weimarer Beiträge 52 (2006) H. 2. S. 203-226.

Gille, Klaus F.: Zwischen Hundsstall und Holzpuppen – Zum Kunstgespräch in Büchners „Lenz". In: Weimarer Beiträge 54 (2008) H. 1. S. 88-102.

Kerber, Helmut: Büchner, Georg. http://www.kerber-net.de/literatur/deutsch/drama/ buechner/buebi_tab.htm (11.08.2010).

Peischl, Margaret T.: Büchner's Lenz: A Study of Madness. In: Germanic Notes and Reviews 26 (1995). H. 1. S. 13-19.

Schmidt, Harald: Schizophrenie oder Melancholie. Zur problematischen Differentialdiagnostik in Georg Büchners „Lenz". In: Zeitschrift für deutsche Philologie 117 (1998). S. 516-542.

Schobert, Thomas / Bittner, Rowena: "Ich aber werde dunkel sein…" Leben und Werk des Jakob Michael Reinhold Lenz (1751 – 1792). http://lenz-forum. schobert.de /stationen.php (11.08.2010).

Waragai, Ikumi: Die Funktion des pietistischen Sprachgebrauchs in Büchners „Lenz". In: Zwischenzeiten – Zwischenwelten. Festschrift für Kozo Hirao. Hrsg. von Josef Fürnkäs, Masato Izumi und Ralf Schnell. Frankfurt am Main: Peter Lang GmbH 2001. S. 421-430.

BEI GRIN MACHT SICH IHR WISSEN BEZAHLT

- Wir veröffentlichen Ihre Hausarbeit,
  Bachelor- und Masterarbeit

- Ihr eigenes eBook und Buch -
  weltweit in allen wichtigen Shops

- Verdienen Sie an jedem Verkauf

Jetzt bei www.GRIN.com hochladen und kostenlos publizieren